専門家たちが語る
防災意識を高める本 3

火山と火災

著・稲葉茂勝 子どもジャーナリスト
編・こどもくらぶ

巻頭特集

富士山は噴火するの？噴火したらどうなるの？

山梨県富士山科学研究所研究部長の吉本充宏さんに聞いてみました。

富士山噴火の可能性

「山梨・静岡県民のみならず、関東都市部に住む方にはとても気になる疑問かと思いますが、いつ噴火するか、予測するのはとてもむずかしいです。人がいつかぜをひきますか、という質問と少しにています」

そう話したのは、山梨県富士山科学研究所研究部長の吉本充宏さん。「10年以内に噴火する確率は？」という質問に対しては、つぎのように解説してくださいました。

「これも、正確にお答えするのは、やはりむずかしいです。1週間後噴火するのと、10年後噴火するのと、火山にとっては、そんなに変わりません。人間のサイクルと富士山のサイクルは、だいたい1万倍ちがいます。人間にとっての1万年は、火山にしてみれば1年ほどにすぎません。そのため、たった数百年のデータから、かれら（火山）のサイクルを見出すことはできないのです」

吉本充宏さん。過去の噴火の調査や、ハザードマップの作成などをおこなっている。

吉本さんは、火山を「かれら」とよんだり、つぎのようにたとえたりして、わかりやすくつづけてくださいました。

「富士山は10万年前から2万年前くらいまでは、大きな噴火をくりかえしていました。その時期は、ある意味、おこりっぽかったのです。その後、山自体がくずれるという大きなケガをしたり、山頂の火口から溶岩をだらだら流したりするような状態でした。でも、最近の2000年間は、山頂の火口を使わないで、山の斜面に火口をつくるようになって、いまにいたります。人にたとえると、幼少期があって青年期があって壮年期があるように、富士山も時代ごとに成長をとげてきたのです」

「西暦800年から1000年くらいまで、富士山は頻繁に噴火していたという記録があります。その後は1400年代と1500年代に一度ずつ。最後の噴火は1707（宝永4）年の『宝永大噴火』で、以来300年間は噴火は起きていません」

▶過去に起こった噴火で、火口から噴出した溶岩がどのように流れていったかを、噴火ごとに色わけしてしめした模型。

もっとくわしく
宝永大噴火

江戸時代中期の1707年12月16日に起こった富士山の大噴火。その後16日間にわたってはげしい噴火を起こし、大量の火山灰を放出。ふもとの村では3mの火山灰が積もり、家屋の倒壊や農作物の不作、土砂災害などの被害が出た。また、約100kmはなれた江戸（現在の東京都）でも2cmの降灰があったとされている。

富士山は必ず噴火する！

「富士山はこのまま噴火しないということはありますか？」と、吉本さんに質問したところ、間髪入れずにつぎのように、きっぱり。

「それはないと思います。なぜなら富士山の地下20kmほどにあるマグマ溜まりに動きがあるからです」「深部低周波地震といって、地下深部のマグマと関連して起こるとされる地震が発生しています。だから、活動が完全に止まるとは思っていません」

吉本さんの仕事場見学

　吉本さんが研究部長をつとめる山梨県富士山科学研究所は、富士山における噴火災害を軽減する目的で、過去の噴火について調べたり、将来の噴火予測や防災などに関するさまざまな研究をおこなったりしています。

　この本では、同研究所のようすを写真で見ながら、そこで働いている研究員のみなさんに、どんな仕事をしているのかなどを教えてもらいます。

　そして、この本の目的にしたがって、読者のみんなの「防災意識」（→p7）が高まるように、ひとりひとりからいただいたメッセージをのせました。

▶富士吉田市にある山梨県富士山科学研究所。研究資料を展示する「富士山サイエンスラボ」や図書室などを無料で開放している。

石峯康浩さん

火山防災マップの作成や、噴火発生後の火山活動の推移予測に役立つ実践的な火山噴火のシミュレーション・モデルの開発に取り組んでいます。また、火山活動が健康にあたえる影響について、調査や普及啓発もおこなっています。

▲コンピューターで火山現象に関する計算をおこなう。

▼2014年に噴火した御嶽山（長野県・岐阜県）の現地調査。

　わたしは、火山噴火で被害にあいそうな地域をできるだけ具体的に想定するコンピューター・シミュレーションの研究をしています。火山噴火は、火砕流や火山泥流などのさまざまな現象が発生して被害を引き起こしますが、それらの現象の多くは、起きてしまってからにげてもまったく間に合いません。「だいじょうぶだろう」と過信せず、火山活動が活発になる前に避難することが大切です。火山の近くに住んでいるみなさんは、噴火がはじまるとどの地域があぶなくなるのか、地元の自治体が作成するハザードマップで確認しましょう。

巻頭特集

久保智弘さん

地震・津波・火山などの自然災害に強いインフラ*をつくるにはどうしたらよいか、みなさんの生活を守るための研究をしています。また、避難のしかたなど、災害時に身を守るための知識を学ぶ防災教育についても研究をおこなっています。

＊インフラストラクチャー（infrastructure）の略。電気、ガス、上下水道、通信など、生活をささえるための基盤のこと。

▲富士河口湖町の小学校でおこなった防災授業。

◀2016年に発生した阿蘇山（熊本県）の噴火で被害を受けたロープウェイ駅舎の調査。

　災害時に自分の身の安全を自分で守ることを「自助」といいます。ほかにも、周囲の人と協力して身を守る「共助」や、国などが取り組む「公助」がありますが、「自助」はとくに防災の基本といわれています。
　災害は、どんな状況で起こるかわかりません。自宅や学校にいるとき、通学中、みんなでいるとき、ひとりでいるとき、さまざまな場面で「いま災害が起こったら」と想像してみてください。そして、自分たちの命を自分たちで守るという意識をもってください。「備えあれば、うれいなし」です。

亀谷伸子さん

富士山の噴火の歴史（いつ、どこで、どのような噴火が起きていたのか？）を明らかにするために、噴火によって堆積した火山灰や岩石を調べる研究をしています。

▲あなをほり、地面の下にうもれた地層を調査する。

◀富士山の山頂でおこなった野外調査。地層を観察して記録やスケッチをしたり、分析のための岩石を収集したりする。

　火山に登ると、荒あらしい岩肌が出ていたり、火山灰が積み重なった地層が見られたりします。これらは、火山が何度も噴火してつくられたものです。
　こうした地層や岩石を調べると、過去に起こった噴火の特徴や回数などがわかり、将来起こるかもしれない噴火について知る手がかりになります。
　火山のそばに住む人は、地層を見つけて観察し、「噴火が起きたらこんなのが飛んでくるかも」と想像をふくらませながら、いざというときの避難行動について考えてみてください。

5

はじめに

日本は、世界でも災害がとても多い国です。それも地震、台風、火山噴火など、さまざまな災害におそわれます。「災害列島」とよばれているほどです。

その日本にくらすわたしたちは、災害から命を守るために常日ごろから、いつ・どこで起こるかわからない災害に備えておかなければなりません。

政府や災害の専門家は、つぎのようにいっています。

- 南海トラフ周辺で今後M（マグニチュード）8.0〜9.0の巨大地震が発生する確率は、10年以内では「30％程度」、30年以内では「70〜80％程度」、50年以内では「90％程度もしくはそれ以上」（地震調査委員会、2024年1月）。
- 「過去10年間に約98％の市町村で水害・土砂災害が発生した」「地下空間の利用が進んでいる大都市の駅前周辺等では、地下施設への浸水被害が生じるなど、水害リスクが高まっている」（国土交通省）。
- 「富士山は、いつ噴火しますか？」といった質問に対し、専門家の先生が「いつ噴火するか、予測するのはとてもむずかしいです。人がいつかぜをひきますか、という質問と少しにています」と、答えた（吉本充宏さん→P2）。

このような話は、みんなも聞いたことがあると思いますが、多くの人は、つぎのように感じているのではないでしょうか？

「自分には関係ない」　「まだだいじょうぶ」　「心配してもしょうがない」

しかし、そういっているうちにいまにも、災害がおそってくるかもしれません。

そういわれても、みんなの防災意識は高まらないのが現状です！！

「防災意識」とは「災害に対して日常的に自らが被災することや備えが必要だということを、どの程度わかっているか、また、自分や周囲の人の命や財産、地域を自分たちで守らなければならないことを、どれほどわかっているか」をさす言葉です。

　では、政府や各方面の専門家が、いくら災害の危険性を警告しても、みんなの防災意識が一向に高まっていかないのは、なぜでしょうか？　どうしたらよいのでしょうか？
　ぼくたちは、こう考えました。

　防災意識の高い人たちが、個人的にどう感じて、どう災害に備えているかを、みんなに知ってもらえば、「自分たちも同じようにしなければならない」と、思うようになるのではないか。専門家といっても、個人の考えや意見を直接聞くことができれば……。ぜひ、個人的な考えをお聞きしたい！
　そうしてつくったのが、全3巻のシリーズです。

①地震と津波　②豪雨と水害　③火山と火災

　さあ、このシリーズをしっかり読んで、みんなでいっしょに防災意識を高めていきましょう。いますぐ！　自分の命とくらし、地域を守るため！

子どもジャーナリスト
Journalist for children　稲葉 茂勝

もくじ

巻頭特集 **富士山は噴火するの？ 噴火したらどうなるの？** ……2
- 富士山噴火の可能性 …… 2
- 富士山は必ず噴火する！ …… 3
- 吉本さんの仕事場見学 …… 4

はじめに（子どもジャーナリスト 稲葉茂勝） …… 6
もくじ …… 8
この本の使い方 …… 9

火山にかかわる災害

1①　火山災害のおそろしさ …… 10
- 溶岩流 …… 10
- 火砕流　●火山泥流　●火山砕屑物　●火山ガス …… 11

1②　火山災害の防災現場を見てみよう …… 12
- 宇宙から火山活動を監視する …… 12
- 全国の「活火山マップ」をつくる …… 14
- 現場に出向いてデータを収集する「火山機動観測班」 …… 15
- 地元密着の研究者、火山の「ホームドクター」 …… 16

1③　長引く火山災害 …… 18
- 健康被害　●建物や設備などへの被害 …… 18
- ライフラインの被害 …… 19

自然災害による火災

2①　自然災害による火災のこわさを知ろう …… 20
- 山火事　●地球温暖化による山火事 …… 20
- 地震による火災　●津波のあとの火災 …… 21

2②　火災を防ぐには …… 22
- 防災の基本はみな同じ …… 22
- もしも火事が起こったら …… 23

2③　火災の防災現場を見てみよう …… 24
- 阪神・淡路大震災と「人と防災未来センター」 …… 24
- DMAT（災害派遣医療チーム） …… 25
- 山火事の発生を予想する …… 26

火山・火災防災の最前線で働く人からのメッセージ

3　JAXA 第一宇宙技術部門 衛星利用運用センター　中右浩二さん …… 27
　国立情報学研究所　北本朝展さん …… 27
　鹿児島大学 共通教育センター　井村隆介さん …… 28
　阪神・淡路大震災記念 人と防災未来センター 研究部　林田怜菜さん …… 28
　近畿大学病院 救命救急センター　太田育夫さん …… 29
　ウェザーニューズ 予報センター 開発部門　吉川真由子さん …… 29

用語解説 …… 30
さくいん …… 31

この本の使い方

この本は、もくじからわかるとおり3つの段階で構成しています。
この3段階を意識して読んでいきましょう。

災害について正しくこわがること

写真や図を見て、災害のおそろしさをしっかり確認してください。そして、ただこわがるだけでなく、正しい知識をつけることで「正しくこわがる」ようにしましょう。

防災現場を見てみよう

防災現場で働く人たちのようすを見て、その人たちが日々どのようにして防災につとめているかを理解してください。かれらは、防災のプロたちです。

防災現場で働く人たちの話を聞こう

防災現場で働く人たちが、災害についてどう考えているか、また、みんなへのアドバイスを話してくれました（巻頭や本文のところどころ、また、27ページからまとめて掲載）。しっかり耳をかたむけ、みなさん自身の防災意識を高めていきましょう！

1 火山にかかわる災害

① 火山災害のおそろしさ

「火山災害」とは、火山の活動によって生じる溶岩流、火砕流、火山泥流などによって、人の命や家などの財産が、おびやかされる災害のことをさす言葉です。どのようにこわいのか、写真で見てみましょう。

▲東京都大島町にある伊豆大島から流れでた溶岩流（1986年11月19日）。

溶岩流

「溶岩流」とは、火山が噴火したときに高温でドロドロにとけた溶岩（マグマ）が、山の斜面を流れくだる現象のことです。

溶岩流の流れる速度は、溶岩流の成分によってことなります。さらさらしたものは比較的はやく、ドロっとしたものはゆっくり流れます。

溶岩流が接触すると、木などは燃えだします。流れているあいだに先端部分は冷えてかたまっていきますが、それがくずれながら低いほうへおしよせていきます。完全にかたまると、溶岩があたりをうめつくしてしまいます。

また、溶岩流が沼地や川などに流れこむと、水蒸気爆発を起こすことがあります。

火砕流

「火砕流」は、火山の噴火によって放出された岩石や火山灰と、火山ガスなどの気体がまざりあい、地面にそって流れくだる現象です。

火砕流が流れる速度は時速100km以上といわれ、その温度は数百度に達することもあります。火砕流が発生した場合、溶岩流よりもはるかにはやく広がるため、火砕流がとどく範囲にいる人は、火砕流が起きてから避難したのでは、被害をまぬがれることはできません。そのため、噴火警報などを活用した事前の避難が必要です。

▶1991年6月3日の雲仙・普賢岳（長崎県）の噴火により発生した火砕流。

火山泥流

火山が噴火した際に、水分をふくんだ岩石や火山灰などが火山のふもとにかけて流れくだる現象を「火山泥流」といいます。

また、雪の積もっている時期に、溶岩流や火砕流の熱で雪がとけて起きる泥流を「融雪型火山泥流」といいます。これは、積もった雪が一気にとけて最大で時速60kmほどで流れくだるため、火山からはなれた場所にも被害が出ることがあります。

写真提供：北海道開発局
▲有珠山（北海道）の噴火で発生した火山泥流（2000年）。

火山砕屑物

噴火によって火口から噴出される物質を、まとめて「火山砕屑物」といい、おもに下のものがあります。

● **大きな噴石**：火口から数km内に落下するおよそ20cm以上の岩石。建物の屋根をつきやぶるほどの破壊力がある。
● **小さな噴石**：小さな岩石のつぶ。風で流されて火口から10km以上遠くでふることもある。大きな噴石ほどの破壊力はないが、火口付近にいた登山者にあたって死傷する事故も起きている。
● **火山灰**：噴火で火口から放出される、直径が2mm未満の固形物。風で数十〜数百km遠くまで運ばれ、広範囲にふる。

火山ガス

「火山ガス」とは、火山活動により地表に噴出するガスのこと。水蒸気や二酸化炭素、二酸化硫黄、硫化水素などのさまざまな成分がふくまれます。火山ガスは人体や動植物に有害な成分をふくむほか、すいこむと中毒を引き起こすことから、死亡事故も発生しています。

▲三宅島（東京都三宅村）の火口からあがる、火山ガスを大量にふくむ噴煙（2001年4月）。

1② 火山災害の防災現場を見てみよう

いつ起こるかわからない火山活動による被害を防止・軽減しようと、防災に取り組む人たちがいます。そうした現場のようすを見てみましょう。
そこで働く人たちはどんなことをしているのでしょうか。

宇宙から火山活動を監視する

　火山の活動は、おもに気象庁（→p30）が地上で、24時間体制で監視しています（→p15）。
　2006年にJAXA*が陸域観測技術衛星「だいち」を打ち上げてからは、とくに噴火などの異常時において気象庁とJAXAが連携し、地上にある観測装置と衛星の両方から得られるデータを活用した火山活動の監視ができるようになりました。
　2024年12月現在JAXAが運用するだいち2号は、地球を周回しながら地上のようすを観測。宇宙から見わたすことで、噴火にともなう火砕流や火山灰などを、50km以上にわたる広い範囲で一度に観測できます。また、通常時には、地震火山活動による地形の変化などを観測しています。そうして得られたデータは詳細に解析され、さまざまな防災対策に活用されています。なお、だいち2号は、地上であれば火山噴火が世界のどの場所で発生しても観測が可能。国内にかぎらず海外の災害時にも使用されています。

＊ 正式名称は宇宙航空研究開発機構。宇宙開発をになう日本の機関。

▲「だいち2号」の観測イメージ。地球上のどこの地域でも、およそ12時間に1回上空（日本上空は正午と真夜中ごろ）を通過しており、過去の観測データと比較することで、地形の変化をとらえることができる。
©JAXA

火山にかかわる災害

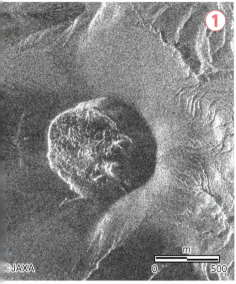
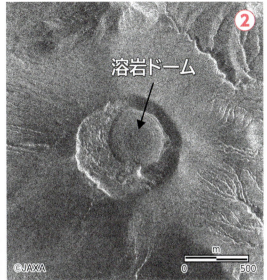
溶岩ドーム
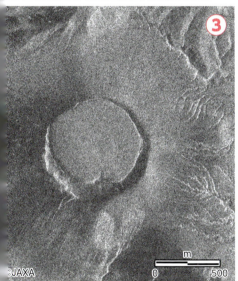
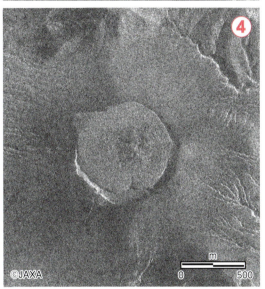

JAXAで火山の監視技術に関する研究をおこなう中右浩二さん(→p27)は、衛星による火山観測の利点についてつぎのようにいっています。

「『だいち2号』に搭載されたレーダは、雲やけむりを通過するので、火口からけむりがはげしくふいていて、光学カメラだったらけむりしか撮影できないような状況でも、火口のようすをはっきりととらえることができます。また、火山には高温のガスを出す噴気孔がありますが、噴気孔は道路がない山奥にあることも。そのような人が立ち入れない場所でも、衛星なら見ることができます」

▶「だいち2号」が2か月にわたり撮像した新燃岳の火口付近の画像。地下から上がってきた溶岩が地表でかたまって「溶岩ドーム」になり、じょじょに広がっていくのがわかる。

もっとくわしく

「だいち」とその後継機たち

人工衛星にも寿命がある。2006年1月に打ち上げられた「だいち」の設計寿命(→p30)は3年、目標寿命は5年で設計されていた。その5年をすぎた2011年3月11日、東日本大震災(→P30)が発生。だいちは、地震や津波による日本列島の被害を鮮明に撮影し、被災地の状況を伝えつづけた。だいちの活躍で被害の規模を迅速に把握することができ、効率的な救援へとつながった。約1か月後の4月22日、電力に異常が発生し、交信できないと判断。5月12日に運用を終了した。

2014年5月、後継機として「だいち2号」が打ち上げられた。初代のだいちは日中の時間帯に高性能のカメラやレーダで地表を観測したが、だいち2号は電波を利用したレーダの観測装置を搭載することで、夜間や悪天候でも撮影ができるようになった。

だいち2号の設計寿命となる5年をこえた2024年7月、後継機として「だいち4号」が打ち上げられた*。より高性能のレーダが搭載され、観測の幅もこれまでの50kmから200kmに拡大。これは、九州の火山を一度にとらえることができるほどで、より精度の高いデータを得られると期待されている。なお、だいち4号の設計寿命は7年だ。

＊ だいち2号は設計寿命である5年をこえたが、2024年12月現在まで運用が続けられている。

全国の「活火山マップ」をつくる

活火山とは、おおむね過去1万年以内に噴火した火山、および現在活発な活動のある火山のこと。日本には、2024年12月現在、111もの活火山があります。これら活火山の活動状況をまとめ、だれでも一目でわかりやすい「活火山マップ」のサイトを開発したのが、国立情報学研究所の北本朝展さん（→p27）です。

サイト上では、それぞれの火山の名称や位置情報、噴火警戒レベル（→もっとくわしく）など、気象庁の発表する情報が自動的にマップに反映されるようになっていて、さまざまな情報を知ることができます。

北本さんは、ご自身の研究について次のようにいっています。

「わたしは気象観測データをはじめ、ニュース記事やインターネット上の情報、歴史上の資料など、あらゆる情報を解析する研究をおこなっています」

「そうして整理した情報を一般の人たちにもわかりやすい方法で発信しなおすことで、みなさんが災害について具体的にイメージし、防災に役立ててもらうことをめざしています」

▲桜島（鹿児島県）上空の風向きをしめしたマップ。噴煙や火山灰が流れていく方向の予測に役立つ。

▶北本さんが作成した活火山マップのサイト。地図から火山を選択すると、過去の噴火情報や火山周辺の気象情報などが見られるようになっている。

出展：「日本全国の活火山マップと最新の噴火警戒レベル」（http://agora.ex.nii.ac.jp/eruption/volcano/）より

もっとくわしく

「噴火警戒レベル」とは

「噴火警戒レベル」とは、気象庁が火山活動の状況に応じて発表する指標のこと。警戒が必要な範囲や、住民や登山者などの取るべき防災対応が、5つのレベルにわけて発表される。なお、噴火警戒レベルを判定する基準は火山ごとに定められており、日々の観測データや火山の活動状況などをもとに必要に応じて見直しがおこなわれる。また、今後100年以内に噴火が発生する可能性などをふまえて選定された50の火山は「常時観測火山」とよばれ、気象庁がその活動を常に監視している。

● 噴火警戒レベル

5	避難	居住地域に重大な被害をおよぼす噴火が発生、または切迫した状態。
4	高齢者等避難	居住地域に重大な被害をおよぼす噴火の発生が予想される。
3	入山規制	居住地域の近くまで重大な影響をおよぼす噴火が発生または予想される。
2	火口周辺規制	火口周辺に影響をおよぼす噴火が発生または予想される。
1	活火山であることに留意	火山活動は静穏。火山活動の状態によって、火口内で火山灰の噴出などが見られる。

現場に出向いてデータを収集する「火山機動観測班」

左のページで紹介した常時観測火山では、地震計・傾斜計・空振計（→p30）、監視カメラなどのさまざまな観測機器が設置されています。これらの観測データはリアルタイムで気象庁に送られ、24時間体制で監視がおこなわれます。

しかし、観測機器のある地点とは別のところで火山活動に高まりが見られた場合などには、現地に行かないとわからないことがあります。

そんなときに出動するのが、気象庁の「火山機動観測班」です。かれらはチームを組んで現地に出向き、下のようにさまざまな観測をおこないます。また、非常時以外にも定期的に火山に出向いて、以前とかわったようすや異常がないかなどを調査します。こうして収集した観測データをあわせて、噴火警戒レベルの評価などに使用しています。

▲ふきでている蒸気の温度調査。

▲観測機器の設置。

▲マグマが上がってくると火山全体がふくらむため、火山のふくらみ・縮みを観測する。

▲熱を感知する赤外線カメラを使用して、地面の熱いところが広がっていないか確認する。

▲観測する場所までの登山。

▲火山活動によってできた湖の水温を観測。

地元密着の研究者、火山の「ホームドクター」

各地に活火山が存在し火山災害があいつぐ日本では、活発な噴火活動が予想される火山ごとに大学の火山観測所や自治体の研究所が置かれ、研究者が地元に根付いて火山の状況を観測したり、防災にかかわったりしています。そうした研究者や専門家は「ホームドクター」ともよばれています。

2011年、宮崎県と鹿児島県にまたがる霧島山の新燃岳が300年ぶりの大噴火。この霧島山を30年以上にわたり観察し、研究をおこなってきたのが、「霧島山のホームドクター」こと鹿児島大学准教授の井村隆介さん（→p28）です。

井村さんは現地で火山の活動を調査するだけでなく、火山からはなれたところにある地層の調査などを実施。火山灰や軽石など、地層に見られる過去の噴出物を調べることで、火山の噴火の歴史を研究しています。

井村さんは、噴火当時の経験と思いを、つぎのようにいっています。

「朝から小さな噴火がつづいていると聞き、新燃岳へ向かいました。現地でようすをたしかめたあと、安全な場所で観測をつづけていたところ、目の前で大噴火が発生。風向きを見たところ、ふもとのまちに火山れき（小さな噴石）がふる危険があると思い、すぐに役場に連絡しました。防災情報を直接伝えるため、わたしも災害対策本部に向かいました」「火山のしくみを明らかにすることももちろん重要ですが、人の命がいちばん大切。わたしの研究は、防災にこそ生かされるべきだと思っています」

▼地層を調べる井村さん。調査や研究でわかった情報は、自治体や消防など、地元の防災関係者にも伝えられる。

もっとくわしく

火山のホームドクターがたりない

火山にはそれぞれ特性があり、噴火の兆候やしかた、起こる現象も火山によってことなる。そのため、専門的なデータから火山の特性や状態を把握し、自治体の取り組みをサポートする火山のホームドクターは、住民の避難行動などに重要な役割を果たしてきた。しかし、国内に100以上ある活火山に対して、ホームドクターは現在数十人程度しかいない。この人材不足を受けて、文部科学省が2016年に「次世代火山研究・人材育成総合プロジェクト」を開設。火山災害の防災のため、地元に密着した火山研究者の人材育成が求められている。

火山にかかわる災害

● 火山のホームドクターが常駐する
　おもな研究所や火山観測所

❶ 京都大学火山研究センター

❺ 山梨県富士山科学研究所（→p4）

❻ 神奈川県温泉地学研究所

❷ 九州大学地震火山観測研究センター
　島原観測所

❸ 京都大学火山防災研究センター
　桜島火山観測所

❹ 東京科学大学多元レジリエンス
　研究センター 草津白根火山観測所

▲草津白根山の山頂にある火口湖の調査。

もっとくわしく

日本初の火山観測所と「火山防災の日」

　1911年8月26日、長野県と群馬県にまたがり、当時国内でもっとも活発な噴火活動をつづけていた浅間山に日本ではじめての火山観測所である「浅間火山観測所」が設置された。また、文部省震災予防調査会と長野測候所（現在の長野地方気象台）が開設され、国や県の職員が常駐して観測をおこなった。ところが、周辺で噴石の落下などがあいついで安全が確保できなくなったため、20年後の1931年に閉鎖。その後1947年の噴火による山火事で焼失。
　2023年、政府は国民の火山災害への関心を高めるため、浅間火山観測所で日本初の火山観測がはじまった8月26日を「火山防災の日」と決定。それにともない「浅間火山観測所」のある小諸市でも、防災教育や市民の火山防災への意識を高めるため、跡地を「火山観測はじまりの地」として文化財にする取り組みを開始した。

▲1911年当時の浅間火山観測所。

1 長引く火山災害

▶噴火にともない、大量の火山灰をふきあげる新燃岳。

③ 火山災害を引き起こすのは、これまで見てきたような火山噴火による直接的な被害だけではありません。噴火が長引くことで、人びとの健康被害をはじめとして、さまざまな問題が発生します。ここでは、そうした被害について見てみましょう。

健康被害

火山噴火の影響で、近隣地域の人びとにつぎのような健康被害が生じることがあります。

- ▶目：火山灰が角膜を傷つける。
- ▶呼吸器：火山灰や火山ガスを大量に吸引したことでせきが出たり、鼻やのどに不快感を覚えたりする。また、気管支炎などの疾患がある人は、症状が悪化する。
- ▶肌：火山灰などの影響で炎症が起こる。

▲火山灰が目や鼻に入らないよう、かさやハンカチなどで顔をおおって歩く人たち（鹿児島市）。

建物や設備などへの被害

建物などは、噴石などで直接こわされたり、空振で窓ガラスがわれたりするだけでなく、つぎのような被害に見まわれることがあります。

- ▶設備：火山灰で空調設備などが故障する。雨どいなどの排水設備がつまる。
- ▶機器類：火山灰が内部に入りこみ、生産設備や電子機器が故障する。
- ▶自動車：フィルターが火山灰で目詰まりして故障する。

▲大量の火山灰が積もった自動車。放置するとサビや劣化の原因になる。

火山にかかわる災害

ライフラインの被害

「ライフライン」は、人びとが日常生活を送るうえでかかせない設備や施設のこと。火山噴火で発生した火山灰により、ライフラインにつぎのような被害が出る可能性があります。

▶ **電気**：雨にぬれた火山灰は電気を通すようになるため、電線や変電設備に付着してショートするなどした結果、停電が起こる。

▶ **通信**：通信アンテナに火山灰が付着し、通信障害が発生する。

▶ **上水道**：浄水場のろ過装置の目詰まりなどにより、断水する。また、水質が低下する。

▶ **下水道**：下水管がつまり、雨水などがあふれでる。

▶ **道路**：積もった火山灰により車両が走行できなくなり、高速道路、主要幹線道路が通行止めになる。

▶ **鉄道**：レールに火山灰が積もり、新幹線や主要鉄道網が運休する。

▶ **空港**：火山灰が飛行機などのジェットエンジンに入りこんでエンジンが停止したり、滑走路が使用できなくなったりする。

▲道路に積もった火山灰が原因でスリップ事故を起こした車。降灰によって運転手の視界が悪くなることなども、事故が発生する原因のひとつ。

▲火山灰の清掃をおこなう路面清掃車。道路標示が見えなくなることなどによる事故を防ぐ目的もある。

▲有珠山の噴火で被害を受けた農作物（1977年）。火山灰が農作物に長期間付着すると、生育や品質に悪影響をおよぼす。

もっとくわしく

発電への影響

火山噴火で大量の火山灰が発生した場合、発電所に影響があると予想されている。火力発電所では、空気を取り入れるための吸気口にたくさんのフィルターがあり、これらが火山灰で目詰まりすると発電機能が低下し、停電が発生する可能性があるという。また、そのほかの発電所についても、つぎのことが心配されている。

・**太陽光発電**：発電パネル上に火山灰が積もることで、発電力が低下する。

・**水力発電**：タービン＊の羽根がすりきれ、交換頻度が上がることで電力の供給力が下がる。

＊水や風などのエネルギーを羽根のついた車輪のようなものにあててまわすことで、機械的な動力に変える装置のこと。

出典：『降灰が与える影響の被害想定項目について』（大規模噴火時の広域降灰対策検討ワーキンググループ）より

2 自然災害による火災

① 自然災害による火災のこわさを知ろう

「自然災害による火災」というと、多くの人が思い出すのは、山火事でしょうか。でも、巨大地震の直後に発生する火災や、津波のあとに起こる火災などもあります。ここでは、それらの火災のおそろしさを見てみましょう。

山火事

林野庁（→p30）によると、日本で発生する山火事の原因は「たき火」が32.5％でもっとも多く、ついで「火入れ（→p30）」「放火（疑いふくむ）」「たばこ」と、その多くが人間の不注意などによるものとなっています。落雷など、自然現象によるものもありますが、まれです。

ところが、海外では自然を要因とするものも多くあります。日照りで乾燥することにより落ち葉の水分がなくなり、落ち葉どうしがこすれあうことで自然発火するといった山火事が多く発生しています。

地球温暖化による山火事

近年、世界じゅうで問題になっているのが、地球温暖化の影響で多くの山火事が発生しているのではないかということです。一部の地域では、雨が少なくなったことで干ばつ（→p30）や乾燥が起き、山火事が起きやすくなっていると考えられています。干ばつが起きている地域で、多くの山火事が発生。カナダやモンゴル、朝鮮半島といった地域で干ばつを原因とした山火事がよく起きています。

一方、アラスカやシベリアなど北極圏にある地域では、気温の上昇による山火事が発生しています。さらに山火事は、大量の二酸化炭素を大気中に放出することがわかっています。それが原因となって、地球温暖化が加速するといった悪循環が生じているといわれています。

● 山火事の原因と出火件数（2018～2022年の平均）

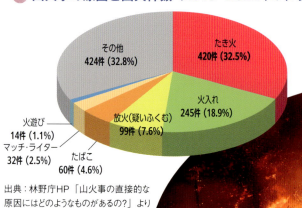

その他 424件 (32.8%)
たき火 420件 (32.5%)
火入れ 245件 (18.9%)
放火(疑いふくむ) 99件 (7.6%)
たばこ 60件 (4.6%)
マッチ・ライター 32件 (2.5%)
火遊び 14件 (1.1%)

出典：林野庁HP「山火事の直接的な原因にはどのようなものがあるの？」より

▼2011年3月12日の午後1時ごろに撮影された気仙沼湾（宮城県）。

地震による火災

　地震による被害には、一次災害（地震のゆれによってもたらされる直接的な被害）と二次災害（一次災害がきっかけとなり発生する災害）があります。火災はこのうち、二次災害にあたります。

　地震で家屋が倒壊するなどの被害が発生すると、ガス管からもれたガスによって引火したり、ストーブなどの暖房器具に可燃物が接触したりすることにより、火災が発生します。

　また、地震によって起こった停電が復旧した際、電源がつけっぱなしになっていた電気機器がもととなり、火災となることが多く見られます。これは「通電火災」とよばれています。

津波のあとの火災

　津波は海水による災害、それなのに火災？と思う人もいるかもしれません。

　2011年3月11日に発生した東日本大震災では、津波によって実際に車、船舶、住宅から多数の火災が発生しました。津波で破壊されたことにより燃料がもれて引火したのです。また、港の貯油タンクがたおれ、もれだした重油に火がついたという例も見られました。

　さらに、燃えている車やがれきが津波で流され、別の場所に燃えうつった例もありました。

　こうした津波火災が、陸上だけではなく海上でも発生。全体として被害が拡大したと見られたのです。

21

2 火災を防ぐには

日本の山火事の原因のほとんどは、人間の不注意などによるものとされていますが（→p20）、だからこそ「火事の防災（防火）意識」を高める意義があります。その防災意識は、地震・津波の際に起こる火事にも通じるものです。

防災の基本はみな同じ

地震が起きたら、第一は命を守る行動。次にやらなくてはいけないことが、火災を発生させないためにおこなう行動です。一般に地震火災を防ぐには、つぎのようなことが重要だといわれています。

▲福島県郡山市で発生した山火事（2019年）。2日間にわたって東京ドームおよそ15個分の森林を焼損した。
写真提供：郡山地方広域消防組合

▶使っている火を消す。
▶ガスの元栓をしめる。
▶電気機器のスイッチを切る。
▶電源プラグをコンセントからぬく。
▶避難するときはブレーカーを落とす。
▶石油ストーブなどからの油もれがないか確認する。

もとより、日ごろから心がけておかなければならないこととして、地域の防災訓練へ参加したり、地域の防災マップをよく見て避難場所や避難経路をしっかり確認したりしておくことなどがあげられます。さらに、家の耐震（→p30）や室内の家具の転倒防止など、地震に備えた対策をとっておくことが必要です。

もっとくわしく

山火事を防ぐために

林野庁では「山火事予防にあたって注意することは？」として、ホームページでつぎのことをよびかけている。

●枯れ草などがある火災が起こりやすい場所では、たき火をしない。
●たき火など火気の使用中はその場をはなれず、使用後は完全に消火する。
●強風時および乾燥時には、たき火、火入れをしない。
●火入れをおこなう際、許可を必ず受けること。
●たばこは指定された場所で喫煙し、吸いがらは必ず消すとともに、投げすてないこと。
●火遊びはしないこと。

自然災害による火災

もしも火事が起こったら

　一般の火事の場合、①迅速な通報　②初期消火＊　③避難　の順番で行動することが大切だといわれています。

　万が一火事が発生した場合、まず大声で周囲の人に知らせ、すみやかに119番へ通報。

　つぎに、初期消火となります。一般的に、炎が自分の背丈以下までなら、初期消火が可能といわれています（炎がそれ以上になったらすみやかににげる）。にげるときも、大声で周囲の人に火事であることを知らせます。そもそも消火器などの火災対策用品を備えつけておき、使えるようにしておくことも重要です。

　避難は、左ページで見た避難場所とそこへの経路以前に、建物から外へ避難する方法について、しっかりと確認しておく必要があります。避難する際、停電などによる暗さと恐怖でパニックになることも考えられます。

　日ごろから、玄関までの順路などに暗いところでも発光する蓄光テープをはったり、乾電池式のライトなどを置いたりしておくとよいでしょう。

＊まだ出火してまもない、火が燃えひろがっていない状態で火事を消しとめること。

火災対策グッズ

▲火災フード
かぶることで有毒なけむりから身を守る。また、視界を確保しながら安全に避難できる。

▲軍手
避難の際に、熱くなった家具やドアノブなどによるやけどから手を守る。

▲消火器
初期消火には消火器を使用するのがもっとも効果的。すぐに取り出せる場所に置いておくこと。

▲三角消火バケツ
内部が仕切られており、5〜6回にわけて水が出るしくみになっているため、1回目で消火に失敗しても、つづけて水をかけられる。

▲防炎タオル
燃えにくい素材でできており、小規模の出火であれば、ぬらして火元をおおうことで消火できる。ふだんはふつうのタオルとして使用できる。

▲ホイッスル
小さい息で大きな音を出せるため、体力を温存しながら、危険を知らせたり助けをよんだりできる。

2③ 火災の防災現場を見てみよう

山火事や地震・津波など自然災害によって発生する火災が大きな被害をもたらすことは、ここまで見てきたとおりです。被害の拡大を防ぐために、どのようなことがおこなわれているのでしょうか。その現場を見てみましょう。

阪神・淡路大震災と「人と防災未来センター」

阪神・淡路大震災とは、1995年1月17日に兵庫県淡路島北部で発生した大地震（M*7.3）により引き起こされた災害のこと。神戸市を中心に建物や道路、橋などが崩壊し、さらに、震災直後から火災が多発。建物の崩壊による延焼や、通電火災（→p21）が多く起こったことで、地震による火災の危険性が広まるきっかけとなったといわれています。

これらの経験を語りつぎ、防災の重要性を伝えようと神戸市につくられたのが、「人と防災未来センター」です。ここは地震災害をテーマとした博物館として阪神・淡路大震災に関する資料を展示し、地震を体験できる施設などを設置しています。また、センター内には調査研究機関が置かれていて、防災研究の世界的な拠点として、日本と世界に情報を発信しています。

センターに所属し、過去の災害について研究している林田怜菜さん（→p28）は、阪神・淡路大震災の教訓をいかした取り組みについて、つぎのようにいっています。

「阪神・淡路大震災は、戦後最大の『都市直下地震』です。道路や建物が崩壊し、いたるところで大渋滞が発生。消火活動や人命救助のための車両が機能せず、被害が拡大しました。救急車両が到着しなかった地域では、住民どうしで救助したケースが多かったことをふまえて、地域コミュニティで防災訓練を実施するときに、避難だけでなく救助・救出訓練も取り入れるなど、地域ごとに自主的に防災に取り組む活動が広がっています」

*地震の規模をあらわす単位。Mが1大きくなると、エネルギーは約32倍、2大きくなると1000倍にもなる。

▶阪神・淡路大震災に関する資料が、被災者の体験談とともに展示された「記憶の壁」。

DMAT（災害派遣医療チーム）

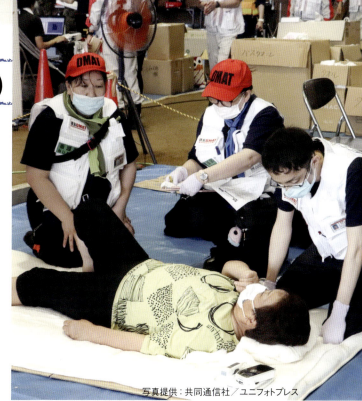

写真提供：共同通信社／ユニフォトプレス

▲豪雨災害が発生した熊本県にかけつけ、負傷者の診察をおこなうDMAT隊員（2020年7月）。

阪神・淡路大震災直後から発生した火災によって亡くなった人は、700名以上。建物の倒壊によってにげおくれた人も多かったといいます。また、救出されても、長時間がれきなどにはさまれたことが原因で亡くなってしまうケース（クラッシュ症候群→p30）があることは、医療にかかわる人たちにも当時はよく知られていませんでした。このことから、震災直後は救助活動と並行して医療活動もおこなうべきだといった声があがりました。

こういった災害医療の課題を解決するために誕生したのが、DMAT[*1]です。DMATは、災害が発生すると約48時間以内に現場にかけつけて活動できるよう、専門的な訓練を受けた医療チームのこと。医師（1名）、看護師（2名）、業務調整員[*2]（1名）で構成されています。かれらはふだんは病院で働いていますが、要請を受けるとすぐに被災地にかけつけ、各行政機関、消防、警察、自衛隊などと連携しながら、救助活動とともに医療活動をおこないます。

DMATの医師として働く太田育夫さん（→p29）は、災害医療の現場についてつぎのように語っています。

「DMATは、自然災害はもちろん、大規模な火災や事故の発生時にも派遣要請を受けます。多くのけが人がおり、医療資機材も不足する現場で、生存の可能性の高い人を判断し救命します。きびしい判断をせまられることもありますが、できるだけたくさんの人の命を救うことがわたしたちの使命です」

*1 Disaster Medical Assistance Teamの頭文字をとって「DMAT」とよばれている。
*2 救急救命士、薬剤師などの医療職および事務職員のこと。

2種類のDMAT

DMATには大きくわけて「日本DMAT」と「都道府県DMAT」の2種類がある。日本DMATは、2005年に厚生労働省によって発足。2024年現在、全国の740をこえる災害拠点病院すべてに日本DMATが配備されており、国内で大規模災害が発生した場合に、国からの要請で現地に派遣される。

都道府県DMATは、2004年に東京、2006年に大阪で発足。その他の自治体でも配備が進んでおり、おもに地域内で災害が起こった際に消防と連携して活動することを目的としている。

首都直下地震の被害想定

内閣府が過去の震災のデータなどをふまえて発表した資料では、今後東京都を中心とした関東地域で首都直下地震が発生した場合、死者の約7割は火災が原因で、火災による死者数は最大1万6000人になると推計。なお、22、23ページで紹介した地震火災を防ぐ行動や初期消火などをおこなうことで、これらの被害を20分の1にとどめることができるとも試算している。

出典：内閣府ホームページ『特集 首都直下地震の被害想定と対策について（最終報告）』より

山火事の発生を予想する

　山火事は、育成に時間のかかる樹木が一気に失われるだけでなく、住宅への延焼や人間の健康、環境などの被害につながるおそれがあります。また、山のなかには車が通れる道や消防設備がないことが多いため、火災が発生すると、鎮火するのがむずかしいといわれています。

　そのため林野庁は、山火事の発生を未然に防ぐための取り組みをおこなっています。そのうちのひとつが「林野火災発生危険度予測システム」です。日本の気象情報会社であるウェザーニューズ*1が林野庁からの委託によって開発するこのシステムは、地域ごとの日射量や降雨、森林の状況などから山火事の発生の危険性が高い日を予測するというもの。火災が起こりやすい時期や場所を特定し、重点的に警戒活動をおこなうなど、現場での実用化が進められています。

　このシステムの開発・運用を担当する吉川真由子さん（→P29）は、つぎのようにいっています。

　「システムの運用をするうちに、山火事が発生・拡大する要因として、周辺の人口密度や風の強さなどが関係していることがわかってきました。それらのデータをシステムに反映することで、予測の精度をより高めることができました。今後は各地域で活用してもらうことを念頭に、危険度の設定など、一般の人にも伝わりやすいしくみをつくっていくことが課題です」

▲吉川さんの所属するウェザーニューズ・予報センター開発部門チーム。システムの運用に向けた会議も、重要なしごとのひとつ。

◀「林野火災危険度指標データ」を作成するようす。降水や日射によって林野にどれだけ水分が浸透・蒸発したかなど、さまざまなデータを分析する。

もっとくわしく

日本で山火事はどのくらい起きている？

　日本では山火事の発生件数は増加傾向にはないが、それでも林野庁のホームページによると、国内の山火事の発生件数は、2018年から2022年までの5年間の平均で約1300件と少なくない。また、1年間に焼損する森林の面積は約700ヘクタール*2と東京ドームの約150個分に相当し、被害損額は2億4000万円にもなるという。住民への避難勧告などが発令された大規模な山火事もたびたび発生しており、地球温暖化によって発生件数や規模が増大するのではないかと心配されている。

*1 1986年に設立された世界最大規模の民間気象情報会社。気象サービスを通じて、自然災害による被害を回避・軽減することを目的としている。
*2 1ヘクタール（ha）＝1万m²

3 火山・火災防災の最前線で働く人からのメッセージ

ここからは、火山・火災による災害を軽減しようとさまざまなしごとをおこなう人たちの話を聞いてみましょう。

① 人工衛星による火山監視技術の開発・研究をおこなう

JAXA 第一宇宙技術部門 衛星利用運用センター 中右浩二さん

①必ず起こる火山噴火について

火山といえば、大地に大きくそびえる山を思いうかべるでしょう。しかし、火山は海のなかにもたくさんあります。2024年9月には、伊豆鳥島付近で津波をともなう地震があり、海底火山の噴火が原因ではないかとみられています。

②中右さんは、火山がこわくないですか？

わたしは山登りが大好きですが、さすがに目の前で噴火が起きればこわいと思います。火山に登るときには、火口がどこにあるか、過去にどのような噴火があったか、火山がどのような状態か、避難小屋がどこにあるかなどをたしかめるようにしています。

③中右さんは、いつもどのような思いでしごとをしていますか？

火山は、多くの人が力をあわせてさまざまな方法で見守っています。わたしは人工衛星で海底火山を見守る新しい方法を研究しています。これまで気づけなかった火山活動をとらえ、噴火の予測などに役立ちたいと思っています。

④中右さんが、みんなにいちばんいいたいことはなんですか？

日本は火山活動でできた島国です。火山がなければ、わたしたちが立つ「大地」はありません。こわがるだけではなく、みなさんでいっしょに見守っていきましょう。わたしたちの研究にかかわる仲間が、ひとりでもふえてくれるとうれしいです。

② だれにでもわかりやすい災害情報を発信する

国立情報学研究所 北本朝展さん

①必ず起こる災害について

災害は自然の現象であると同時に社会の現象でもあります。わたしたちが備えを十分にできていない部分をおそってくるのが災害なのです。とはいえ、最新の情報を入手すれば備えられる部分も多いことを覚えておいてください。

②北本さんは、災害がこわくはないですか？

幸いにもわたしの身近で災害が起こったことはないのですが、災害からしばらくたったあとに被災地をめぐると、日常とはかけはなれた風景に衝撃を受けます。災害を実感して、見えない部分を想像することが大切だと思います。

③北本さんは、いつもどのような思いでしごとをしていますか？

日本のどこかで毎年災害が発生しています。ただ、自分がよく知らない地域で起こった災害は、すぐにわすれてしまいがちです。災害をわすれないように、またいつでも調べられるように、多くのデータを公開しています。

④北本さんが、みんなにいちばんいいたいことはなんですか？

情報を受けとったみなさんが行動を変えることが、被害を減らすことにつながります。また、現在の情報に加えて、過去の災害の情報もきちんと記録し、未来の世代に継承していくことが大切です。

❸ 30年以上研究をつづける「霧島山のホームドクター」
鹿児島大学 共通教育センター　井村隆介さん

①必ず起こる火山噴火について
　火山とは、地下の高温のマグマが地表に出てくる「噴火」が起こる場所です。噴火が起きると、マグマが爆発的にふきだして遠くまで飛ぶことがあります。噴火の際には、その影響を受ける地域にいないことが大切です。できるだけはやく安全な場所ににげましょう。

②井村さんは、火山がこわくないですか？
　火山噴火は、研究者であるわたしにとってもおそろしいものです。しかし、火山がつくる風景は雄大で感動的ですし、噴火のようすを安全な場所から見ると、ダイナミックな自然の美しさを感じることができます。わたしはそんな火山が大好きで、研究をつづけています。

▶宮崎と鹿児島にまたがる新燃岳。
撮影：井村隆介

③井村さんは、いつもどのような思いでしごとをしていますか？
　火山の研究には、まずわたし自身の好奇心を満たすという目的があります。自分がおもしろいと思わないと、研究はできません。そして、火山研究を通して、火山噴火による災害を少しでも軽減するためにはどうしたらよいか、どうすれば研究の成果をみなさんにわかりやすく伝えられるかということを常に考えています。

④井村さんが、みんなにいちばんいいたいことはなんですか？
　日本のようにたくさん火山がある国は、世界的にもあまりありません。そして火山は、美しい景色や温泉など、さまざまな恵みをあたえてくれます。しかし、ひとたび噴火すると人間の力でかなうものではありません。
　物理学者の寺田寅彦という人は「正当にこわがることはなかなかむつかしい」といいました。みなさんも、火山噴火という自然現象について正しく理解したうえで、火山がもたらす恵みを楽しんでいただければと思います。

❹ 震災の経験を語りつぎ、その教訓を未来にいかす
阪神・淡路大震災記念　人と防災未来センター 研究部　林田怜菜さん

①必ず起こる巨大地震について
　南海トラフ地震（→p30）は、近い将来に必ず起こるといわれています。また、わたしたちのくらす日本では、どこに住んでいても大きな地震の被害にあう可能性があります。そのことを、常にみなさんの頭の片隅において生活してほしいと思っています。

②林田さんは、巨大地震や火災がこわくないですか？
　東日本大震災や熊本地震、胆振東部地震、能登半島地震など、大きな地震が日本各地で発生しています。わたしも小学生のころ、阪神・淡路大震災のようすをテレビで見て、とてもこわいと思いました。

③林田さんは、いつもどのような思いで防災のしごとをしていますか？
　巨大地震が起こると、まちがこわれ、多くのみなさんが被災され、もとにもどすのに多くの労力と時間が必要となります。自然災害を無くすことはできませんが、被害の軽減や早期の回復に少しでも貢献できるよう、研究を進めています。また、被災者のみなさんがいちはやくふだんの生活を取りもどしてほしいという思いから、被災地でのお手伝いもしています。

④林田さんが、しごとをするうえで大切にしていることはなんですか？
　阪神・淡路大震災が発生した当時、避難所を運営していた神戸市長田区役所の職員の方が教えてくれた「人と人がささえあうこと」、そして応援・支援をしてくれる人への「恩返し」。ふたつの気持ちをわすれないようにしています。

火山・火災防災の最前線で働く人からのメッセージ

❺ 大規模災害の発生時に現場へかけつけるDMAT隊員

近畿大学病院 救命救急センター　太田育夫さん

①必ずやってくる災害について

地震や風水害などは必ずやってきますが、いつ、どこで、どのような災害が起きるかは、だれにもわかりません。わたしは、いつ災害が起こってもすぐに行動にうつせるよう、常に心がけています。

②太田さんは、災害がこわくないですか?

災害は非常にこわいものだと思っています。災害が起こると、一瞬にしてたくさんの人が犠牲になります。水や電気や通信手段などのライフラインが一瞬にして止まってしまいますから、いままで平穏にくらしてきた生活が一変します。

③太田さんは、いつもどのような思いでしごとをしていますか?

わたしの地元は兵庫県で、学生のころに阪神・淡路大震災を経験しました。そのときの風景を、いまでも覚えています。個人の力は小さいですが、みんなで力をあわせて、少しでも災害による犠牲者を減らせたらと思っています。

④太田さんが、みんなにいちばんいいたいことはなんですか?

避難方法や家族との連絡手段を確認するなど、事前の準備をしておくことが、けが人や犠牲者の数を減らすいちばんの方法だと思います。家庭内だけではなく、周囲に住む人や友だちなど、近所のコミュニティもふくめて考える時間をぜひ設けてください。

▲2024年1月に発生した能登半島地震の被災地にDMAT隊員としてかけつけた太田さん。写真は現地でのチームミーティングのようす。

❻「林野火災発生危険度予測システム」を開発する

ウェザーニューズ 予報センター 開発部門　吉川真由子さん

①必ず起こる山火事について

近年は、地球温暖化の影響で暑くて乾燥した日が増え、山火事が起きやすく、被害が広がりやすくなっています。山火事の多くは、人の火の不始末が原因です。天気に注意して行動することで、山火事を防ぎ、森や生き物を守ることにつながります。

②吉川さんは、山火事がこわくないですか?

こわいです。日本は国土の約67%が森林でおおわれており、身近でも火災が起こる可能性があります。また、世界を見ても、山火事による被害は年ねん大きくなってきていて、その影響は深刻です。

③吉川さんは、いつもどのような思いで防災のしごとをしていますか?

人の命や自然を守るため、責任感をもって取り組んでいます。常に「自分に何ができるのか」を考え、わかりやすく、見た人が行動にうつせるような情報提供を心がけています。

④吉川さんが、みんなにいちばんいいたいことはなんですか?

正しい気象の知識をもち、適切に行動できれば、山火事の被害を減らせると信じています。身近な自然や自分の命を守るにはどうすればよいか、ぜひ家族や友だちといっしょに考えてみてください。

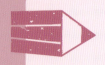
用語解説

本文中(p10〜29)に出てくる言葉のなかで、さらにくわしい解説が必要なものを掲載しています。

気象庁　　　　　　　　　　12、14、15
国土交通省に附属する行政機関（外局）。気象観測をおこない天気予報を発表するほか、地震・火山活動、地球環境に関するデータを調査・分析し、気象や災害に関するさまざまな情報を発信する。

設計寿命　　　　　　　　　　　　　　13
機械や設備などが設計される際に決められた最低限の使用期間のこと。人工衛星の場合、設計寿命の期間を通して動きつづけられるよう、燃料の量や電池の大きさなどが決められる。なお、目標寿命は使用が期待される期間。

東日本大震災　　　　　　　13、21、28
2011年3月11日午後2時46分に三陸沖を震源として発生したM9.0の地震と津波により、東北地方を中心とする広範囲に甚大な被害が出た災害。

地震計　　　　　　　　　　　　　　　15
地面の動きを精密にとらえる装置。いろいろな方向からくるゆれをはかるために、ひとつの地震計に上下、南北、東西方向のセンサーが入っている。複数の地震計のデータを組み合わせることで、地震が起きた場所や規模などを知ることができる。

傾斜計　　　　　　　　　　　　　　　15
地面の傾き（傾斜）をはかる装置。火山のなかをマグマが上がってくると地面がおされてふくらむことがあるため、地面のなかに設置した傾斜計の傾きを観測することで、マグマの動きをとらえられる。

空振計　　　　　　　　　　　　　　　15
火山の噴火などにともなう空気の振動を観測する装置。天候不良などにより監視カメラで火山の状況を監視できない場合でも、噴火をいちはやく検知できる。

林野庁　　　　　　　　　　20、22、26
農林水産省の外局のひとつ。国が所有する森林（国有林）の管理・経営や国有林以外（民有林）の指導監督のほか、林業の改善に関する業務などをおこなう。全国に7つの森林管理局と98の森林管理署を置く。

火入れ　　　　　　　　　　　　20、22
春のはじめごろ、新しい草がよく生えるように枯れ草に火をつけて野を焼くこと。日光をあてて地面の温度を上昇させることで、植物の成長や種子の発芽をうながす目的がある。

干ばつ　　　　　　　　　　　　　　　20
長期間雨がふらなかったり降水量が減少したりすることで発生する水不足のこと。土壌が乾燥することで、農作物に被害が出たり、山火事を引き起こしたりすることもある。

耐震　　　　　　　　　　　　　　　　22
地震のゆれにたえられるよう、建物の構造を強くすること。

クラッシュ症候群　　　　　　　　　　25
建物などの倒壊によって手足の筋肉が長時間圧迫され、その圧迫が解放されたあとに発症する病気のこと。傷ついた筋肉細胞から、有害な物質が一気に血液中に流れこむことが原因で起こる。救出された直後は意識もはっきりしていて一見軽傷のように見えるにもかかわらず、数時間後に突然意識がうすれる（重症の場合、死にいたる）という症例が阪神・淡路大震災後に多く見られたことを機に、日本で広く認知されるようになった。

南海トラフ地震　　　　　　　　　　　28
静岡県の駿河湾沖から九州の日向灘沖にかけて広い沖合を細く走る海底の谷（南海トラフ）沿いが震源域と考えられている地震。約100〜150年間隔でくりかえし発生しており、前回南海トラフを震源として起こった地震からすでに70年ほどたっているため、つぎの南海トラフ地震がせまっていると考えられている。

さくいん

あ行

浅間山	17
阿蘇山	5,17
伊豆大島	10
一次災害	21
インフラ	5
ウェザーニューズ	26,29
有珠山	11,19
雲仙・普賢岳	11

か行

火砕流	4,10,11,12
火山ガス	11,18
火山機動観測班	15
火山砕屑物	11,16
火山泥流	4,10,11
火山灰	3,5,11,12,14,16,18,19
火山防災の日	17
活火山	14,16
干ばつ	20,30
気象庁	12,14,15,30
霧島山	16,17,28
空振計	15,30
草津白根山	17
クラッシュ症候群	25,30
傾斜計	15,30

さ行

桜島	14,17
地震	3,5,12,13,21,22,24,27,28,29,30
地震火災	22,25
地震計	15,30
JAXA	12,13,27
首都直下地震	25
常時観測火山	14,15
初期消火	23,25
新燃岳	13,16,18,28
設計寿命	13,30

た行

耐震	22,30
だいち2号	12,13
地球温暖化	20,26,29
通電火災	21,24
津波	5,13,20,21,22,24,27
津波火災	21
DMAT	25,29

な行

南海トラフ地震	28,30
二次災害	21

は行

箱根山	17
阪神・淡路大震災	24,25,28,29,30
火入れ	20,22,30
東日本大震災	13,21,28
人と防災未来センター	24,28
富士山	2,3,4,5,6,17
噴火警戒レベル	14,15
宝永大噴火	3

ま行

M	6,24
マグマ	3,10,15,28
三宅島	11

や行

山火事	17,20,22,24,26,29
融雪型火山泥流	11
溶岩流	10,11

ら行

ライフライン	19,29
林野庁	20,22,26,30

■著
稲葉　茂勝（いなば　しげかつ）
1953年、東京都生まれ。東京外国語大学卒。編集者としてこれまでに1500冊以上の著作物を担当。自著も100冊を超えた。近年子どもジャーナリスト（Journalist for Children）として活動。2019年にNPO法人子ども大学くにたちを設立し、同理事長に就任して以来「SDGs全国子ども大学運動」を展開している。

■編
こどもくらぶ（上野瑞季）
あそび・教育・福祉の分野で子どもに関する書籍を企画・編集している。図書館用書籍として年間100タイトル以上を企画・編集している。主な作品は、「未来をつくる！　あたらしい平和学習」全５巻、「政治のしくみがよくわかる　国会のしごと大研究」全５巻、「海のゆたかさをまもろう！」全４巻、「『多様性』ってどんなこと？」全４巻、「夢か現実か　日本の自動車工業」全６巻（いずれも岩崎書店）など多数。

■デザイン
株式会社今人舎（矢野瑛子）
■DTP
株式会社今人舎（菊地隆宣）
■校正
鷗来堂
■協力
山梨県富士山科学研究所
■写真提供
表紙, p2, 4, 5：山梨県富士山科学研究所
裏表紙, p11, 15, 17：気象庁
p11：島原市
p16：撮影／西森愛菜
P17：京都大学大学院 理学研究科附属 地球熱学研究施設 火山研究センター, 九州大学 大学院理学研究院 附属地震火山観測研究センター 島原観測所, 京都大学 防災研究所 附属火山防災研究センター 桜島火山観測所, 東京科学大学 総合研究院 多元レジリエンス研究センター 火山・地震研究部門 草津白根火山観測所, 神奈川県温泉地学研究所
p18, 19：鹿児島市
P23：オンリーワン防災グッズ専門店フラバ, 社会福祉法人東京コロニー東京都葛飾福祉工場, 日光物産株式会社
p24, 28：阪神・淡路大震災記念 人と防災未来センター
p26, 29：株式会社ウェザーニューズ
p27：国立研究開発法人 宇宙航空研究開発機構, 大学共同利用機関法人 情報・システム研究機構 国立情報学研究所
p28：鹿児島大学共通教育センター 井村隆介
p29：近畿大学病院

■写真協力
表紙：ドリームフューチャー / PIXTA
p1, 21：気仙沼市／東日本大震災アーカイブ宮城
p18：こーせー。/ PIXTA
p19：写真：株式会社 Gakken/ アフロ
p20：ico_k-pax - istockphoto.com
P23：山口トマト, studio-eat, タケ / PIXTA

※この本で紹介している火山の調査や写真撮影は、特別な許可を得ておこなわれたものです。

この本の情報は、2024年12月までに調べたものです。今後変更になる可能性がありますので、ご了承ください。

専門家たちが語る　防災意識を高める本　③火山と火災　　NDC369

2025年２月28日　　第１刷発行

著　　　稲葉茂勝
編　　　こどもくらぶ
発行者　小松崎敬子
発行所　株式会社 岩崎書店　　〒112-0014　東京都文京区関口2-3-3 7F
　　　　　　　　　　　　　　　電話　03-6626-5080（営業）
　　　　　　　　　　　　　　　　　　03-6626-5082（編集）
印刷所　株式会社精興社　　　製本所　株式会社若林製本工場

©2025 Inaba Shigekatsu
Published by IWASAKI Publishing Co., Ltd. Printed in Japan.
岩崎書店ホームページ　https://www.iwasakishoten.co.jp
ご意見、ご感想をお寄せ下さい。E-mail　info@iwasakishoten.co.jp
落丁本、乱丁本は送料小社負担でおとりかえいたします。

32p 29cm×22cm
ISBN978-4-265-09229-1

本書のコピー、スキャン、デジタル化等の無断複製は著作権法上での例外を除き禁じられています。本書を代行業者等の第三者に依頼してスキャンやデジタル化することは、たとえ個人や家庭内での利用であっても一切認められておりません。朗読や読み聞かせ動画の無断での配信も著作権法で禁じられています。

専門家たちが語る 防災意識を高める本

著・**稲葉茂勝** 子どもジャーナリスト

編・こどもくらぶ

全3巻

1 地震と津波

2 豪雨と水害

3 火山と火災